Celebrando las diferencias

Habilidades diferentes

por Rebecca Pettiford

Bullfrog
Books

Ideas para padres y maestros

Bullfrog Books permite a los niños practicar la lectura de texto informacional desde el nivel principiante. Repeticiones, palabras conocidas y descripciones en las imágenes ayudan a los lectores principiantes.

Antes de leer

- Hablen acerca de las fotografías. ¿Qué representan para ellos?

- Consulten juntos el glosario de fotografías. Lean las palabras y hablen de ellas.

Durante la lectura

- Hojeen el libro y observen las fotografías. Deje que el niño haga preguntas. Muestre las descripciones en las imágenes.

- Lea el libro al niño, o deje que él o ella lo lea independientemente.

Después de leer

- Anime a que el niño piense más. Pregúntele: ¿Qué tipo de habilidades especiales tienes?

Bullfrog Books are published by Jump!
5357 Penn Avenue South
Minneapolis, MN 55419
www.jumplibrary.com

Library of Congress Cataloging-in-Publication Data

Names: Pettiford, Rebecca, author.
Title: Habilidades diferentes / por Rebecca Pettiford.
Other titles: Different abilities. Spanish
Description: Minneapolis, Minnesota: Jump!, 2017.
Series: Celebrando las diferencias | Includes index.
Audience: Age 5–8. | Audience: K to grade 3
Identifiers: LCCN 2017003429 (print) | LCCN 2017016607 (ebook) | ISBN 9781624966200 (ebook)
ISBN 9781620317938 (hardcover: alk. paper)
ISBN 9781620317983 (pbk.)
Subjects: LCSH:
People with disabilities—Juvenile literature.
Classification: LCC HV1568 (ebook)
LCC HV1568 .P4818 2017 (print) | DDC 362.4—dc23
LC record available at https://lccn.loc.gov/2017003429

Editor: Jenny Fretland VanVoorst
Book Designer: Leah Sanders
Photo Researcher: Leah Sanders
Translator: RAM Translations

Photo Credits: Dreamstime: Stainedglass, 4. Getty: Huntstock, 12, 14–15; Dorling Kindersley, 13; BRIAN MITCHELL, 20–21. iStock: FatCamera, cover; baranozdemir, 1; andresr, 3. Shutterstock: Haslam Photography, cover; karelnoppe, 8–9; wavebreakmedia, 10–11; Jaren Jai Wicklund, 18–19; Littlekidmoment, 22; Denis Kuvaev, 24. SuperStock: Stockbyte, 5; Phanie, 6–7; Compassionate Eye Foundation/Jetta Productions, 16, 17.

Printed in the United States of America at Corporate Graphics in North Mankato, Minnesota.

Tabla de contenido

¿Qué puedes hacer tú?

Todos tenemos
habilidades especiales.

Meg lee con sus dedos.

¿Cómo?

braille

¡Su libro está escrito en braille!

Tony toca el violín.

Practica todos los días.

¡Algún día será famoso!

Allie es la niña más rápida en su escuela.

Las ruedas giran más rápido de lo que las piernas pueden correr.

¿Carreritas?

Luke puede
comunicarse
sin hablar.

¿Cómo?

12

Cuando habla con Sam, ¡nadie los puede escuchar!

Cam es bueno con los animales.
Él ama a su perra, Fig.

16

Fig es su perra de servicio.

Ella lo mantiene a salvo.

Tou es un gran jugador de damas.

Él le gana a todos sus amigos.

¡También le gana a su mamá!

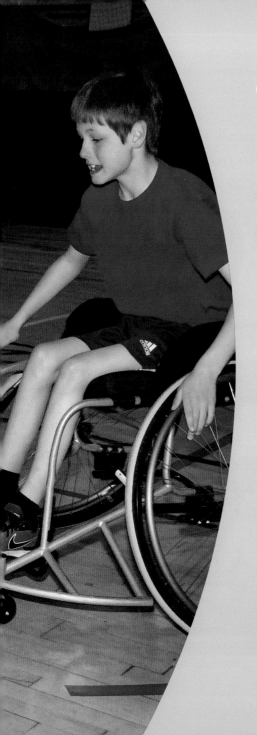

¿Qué puedes hacer tú?

Lenguaje de señas

Trata de aprender varias palabras en lenguaje de señas americano. ¡Te asombrarás con lo que puedes decir con tus manos!

Glosario con fotografías

braille
Un sistema de escritura en donde puntos con textura representan letras; gente que no puede ver lo usa.

habilidades
Destrezas que una persona tiene para hacer algo.

famoso
Muy bien conocido.

perro de servicio
Un perro que se especializa en ayudar a gente con discapacidades.

Índice

Para aprender más

Aprender más es tan fácil como 1, 2, 3.

1) Visite www.factsurfer.com

2) Escriba "habilidadesdiferentes" en la caja de búsqueda.

3) Haga clic en el botón "Surf" para obtener una lista de sitios web.

Con factsurfer.com, más información está a solo un clic de distancia.